Pizza ist nicht gleich Pizza. Lassen Sie sich von der Vielfalt der Belegmöglichkeiten überraschen, die in diesem Band vorgestellt werden. Ähnlich herzhaft und schmackhaft sind Quiches und Tartes, die meist mit vielerlei Gemüse zubereitet werden.

Wohingegen Pasteten und Teigtaschen oft mit Fleischfüllungen locken.

DR.OETKER
KÜCHENBIBLIOTHEK
PIZZA & CO.

MOEWIG

Die Rezepte sind – wenn nicht anders angegeben –
für 4 Personen berechnet.
Umschlagfoto: Champignonpizza (Rezept S. 10)

Verlagsunion Erich Pabel-Arthur Moewig KG, Rastatt
© Ceres Verlag Rudolf August Oetker KG Bielefeld
Umschlagentwurf und -gestaltung: Werbeagentur Zeuner, Ettlingen
Umschlagfoto: Ketchum Public Relations, München
Fotos im Innenteil:
Ketchum Public Relations, München; Ceres-Verlag / Christiane Pries,
Borgholzhausen; Thomas Diercks, Hamburg; Foto-Studio Büttner, Bielefeld;
Herbert Maass, Hamburg; Norbert Toelle, Bielefeld; Somoroff; Wohlgemuth
Printed in Germany 1996
Druck und Bindung:
Graphischer Großbetrieb Pößneck GmbH
ISBN 3-8118-4535-7

Inhalt

Pizza in vielen Variationen

Champignonpizza *(Foto S. 8/9)*

Für den Teig

300 g Weizenmehl	in eine Schüssel sieben
20 g frische Hefe	
etwas Zucker	
Salz	
200 ml lauwarmes Wasser	
2 EL Olivenöl	hinzufügen

die Zutaten mit den Knethaken des Handrührgerätes zunächst auf niedrigster, dann auf höchster Stufe in etwa 5 Minuten zu einem Teig verarbeiten
den Teig abgedeckt an einem warmen Ort gehen lassen, bis er sich sichtbar vergrößert hat.

Für den Belag

2 Zwiebeln	
1 Knoblauchzehe	beide Zutaten abziehen, fein würfeln
2 EL Olivenöl	erhitzen, Zwiebel- und Knoblauchwürfel darin andünsten
850 g geschälte Tomaten (aus der Dose)	hinzufügen, etwas zerdrücken, mit
Salz	
frisch gemahlenem Pfeffer	abschmecken, Sauce etwas einkochen lassen
600 g Creme-Champignons	putzen, mit Küchenpapier abreiben, evtl. abspülen, in Scheiben schneiden
6 EL Olivenöl	in einer Pfanne erhitzen, Champignonscheiben darin andünsten, mit Salz, Pfeffer würzen
100 g durchwachsenen Speck	in Streifen schneiden

den Teig aus der Schüssel nehmen, auf der Arbeitsfläche nochmals durchkneten, 4 runde Pizzen ausrollen, auf ein gefettetes Backblech legen, die Tomatensauce auf den Teig geben, mit

gerebeltem Oregano	bestreuen, die Champignons und den Speck darauf verteilen, die Pizzen nochmals gehen lassen, in den Backofen schieben (Pizzen evtl. hintereinanderbacken)
Ober-/Unterhitze:	Etwa 200 °C (vorgeheizt)
Heißluft:	Etwa 180 °C (nicht vorgeheizt)
Gas:	Stufe 3-4 (vorgeheizt)
Backzeit:	15-20 Minuten.

Schnelle Pizza

Für den Teig

250 g Weizenmehl	mit
1/2 Päckchen Backpulver	mischen, in eine Rührschüssel sieben
Salz	
25 g weiche Butter	
50 g geriebenen, alten Gouda	
125 ml (1/8 l) Milch	hinzufügen, die Zutaten mit den Knethaken des Handrührgerätes zunächst auf niedrigster, dann auf höchster Stufe gut durcharbeiten anschließend auf der Arbeitsfläche zu einem glatten Teig verkneten, sollte er kleben, ihn eine Zeitlang kalt stellen.

Für den Belag

2 EL Olivenöl	in einem kleinen Topf erhitzen
1 Zwiebel	abziehen, würfeln, in dem Öl etwa 5 Minuten andünsten
2 EL Tomatenmark	
gerebelten Oregano	
gerebelten Majoran	
Salz	
frisch gemahlenen Pfeffer	unterrühren den vorbereiteten Teig zu einer Platte (Durchmesser 24 cm) ausrollen, auf ein gefettetes Backblech gleiten lassen, mit Tomatenbrei bis an den Rand bestreichen, mit
50 g geriebenem Parmesan	bestreuen, mit einem Gitter aus
50 g Anchovisfilets (aus dem Glas)	
schwarzen Oliven	belegen die Pizza in den kalten Backofen schieben
Ober-/Unterhitze:	Etwa 220 °C
Heißluft:	Etwa 200 °C
Gas:	Stufe 3-4
Backzeit:	20-25 Minuten die Pizza in Stücke schneiden, warm servieren.

Brot-Pizza *(Foto)*

Für den Teig

1 Packung Brotmischung	nach der Vorschrift auf der Packung, aber nur mit
200 ml (1/5 l) lauwarmem Wasser	zubereiten, gehen lassen, den gegangenen Teig mit
Weizenmehl	bestäuben, kurz durchkneten, den Teig auf einem gefetteten Backblech etwa 1/2 cm dick ausrollen.

Für den Belag

250 g Zwiebeln	abziehen, in Würfel schneiden, mit
4 Eßl. Tomatenmark	in
2 Eßl. Speiseöl	unter Rühren glasig dünsten
500 g Tomaten	kurze Zeit in kochendes Wasser legen, in kaltem Wasser abschrecken, enthäuten, in Scheiben schneiden, die Zwiebelmasse auf den Teig streichen, Tomaten- und
200 g gedünstete Champignonscheiben 200 g Salamischeiben oder gekochten Schinken 275 g Gouda-Käse-Scheiben	darauf verteilen, nach Belieben
3-4 Peperoni (aus dem Glas)	dazugeben, die Pizza mit
Pfeffer gerebeltem Oregano	bestreuen einen mehrfach geknickten Streifen Alufolie vor den Teig legen, den Teig nochmals 15 Minuten an einem warmen Ort gehen lassen, in den Backofen schieben
Ober-/Unterhitze	180-200 °C (vorgeheizt)
Heißluft	160-180 °C (nicht vorgeheizt)
Gas:	Stufe 3-4 (vorgeheizt)
Backzeit:	20-30 Minuten.

Tomatenpizza

1 Packung (250 g) Grundteigmischung Pizzateig	nach der Vorschrift auf der Packung zubereiten
500 g Tomaten	waschen, abtrocknen, die Stengelansätze entfernen, die Tomaten in Scheiben schneiden, auf dem mit der Gewürzmischung bestrichenen Pizzaboden verteilen, mit
frisch gemahlenem Pfeffer	bestreuen
75 g Salami	halbieren oder vierteln, auf die Tomatenscheiben legen
150-200 g Gouda-Käse	grob reiben, darüberstreuen, mit
1 Eßl. gehackten Majoranblättchen 1 Eßl. gehackten Basilikumblättchen	bestreuen, mit
1 Eßl. Olivenöl	beträufeln, das Backblech in den Backofen schieben
Ober-/Unterhitze:	200-225 °C (vorgeheizt)
Heißluft:	180-200 °C (nicht vorgeheizt)
Gas:	Stufe 4-5 (vorgeheizt)
Backzeit:	etwa 20 Minuten.

Apfelpizza

Für den Teig

175 g Weizenmehl	in eine Schüssel sieben
2 gestr. Teel.	
Trocken-Backhefe	sorgfältig unterrühren
1 Prise Zucker	
1/4 Teel. Salz	
125 ml (1/8 l) lauwarmes	
Wasser	
2 Eßl. Speiseöl	hinzugießen, mit den Knethaken des Hand-rührgerätes in 5 Minuten zu einem Teig verarbeiten
	abgedeckt etwa 40 Minuten gehen lassen.

Für den Belag

1 Dose (800 g) Tomaten	in Stücke schneiden, die Tomatenstückchen in
2 Eßl. Speiseöl	dünsten, etwas einkochen lassen
Salz, Pfeffer	
1/4 Teel. Thymian	
1/4 Teel. Oregano	hinzugeben
1 Knoblauchzehe	abziehen, durch eine Knoblauchpresse drücken, zu den Tomatenstückchen geben, umrühren
	den Teig nochmals durchkneten, kreisförmig (Durchmesser 28 cm) auf ein gefettetes Back-blech ausrollen
	die Tomatenmasse daraufstreichen
250 g gekochten Schinken	in Streifen schneiden, auf den Teig verteilen
4 mittelgroße Äpfel	schälen, das Kerngehäuse ausstechen, die Äpfel in Scheiben schneiden
2 Tomaten	abspülen, Stengelansatz herausschneiden, die Tomaten in Scheiben schneiden, mit
Salz	
frisch gemahlenem Pfeffer	würzen
1 Ei	verrühren, mit
100 g geriebenem	
Emmentaler Käse	vermischen, über die belegte Pizza geben, nochmals 10-15 Minuten gehen lassen
	das Backblech in den Backofen schieben
Ober-/Unterhitze:	Etwa 200 °C (vorgeheizt)
Heißluft:	Etwa 180 °C (nicht vorgeheizt)
Gas:	Etwa Stufe 3 (vorgeheizt)
Backzeit:	Etwa 25-30 Minuten.

Pizza-Miniaturen

Für den Teig

500 g Weizenmehl	auf eine Arbeitsfläche sieben, mit
1 Päckchen Trockenbackhefe	
1 Teel. Salz	
4 Eßl. Olivenöl	
1/2 Teel. Zucker	
250 ml (1/4 l) lauwarmem Wasser	mit den Knethaken des Handrührgerätes zu einem geschmeidigen Teig verkneten

den Teig auf bemehlter Arbeitsfläche nochmals gut durchkneten, mit Mehl bestäubt so lange an einem warmen Ort gehen lassen, bis sich der Teig verdoppelt hat, nochmals rasch durchkneten, eine lange Rolle formen und in 12 gleich große Stücke schneiden

jedes Teigstück etwa 3 mm dick zu einem runden Fladen ausrollen, den Rand etwas dicker lassen.

Für den 1. Belag

8 Tomaten	waschen, in Scheiben schneiden, die Stengelansätze entfernen
400 g Mozzarella-Käse	in Scheiben schneiden
18 schwarze Oliven	entkernen
6 Sardellenfilets	wässern
	sechs Pizzas damit belegen, mit
1 Teel. gerebeltem Thymian	würzen, mit
3 Eßl. Olivenöl	beträufeln.

Für den 2. Belag

300 g frische, geschälte Krabben	auf den Pizzateig geben
1 Ei	mit
2 Eßl. Crème double	verrühren, darüber verteilen, mit
Salz	
frisch gemahlenem Pfeffer	
getrockneter Petersilie	würzen, mit
100 g geriebenem Parmesan	bestreuen

die Pizzas auf dem Backblech in den Backofen schieben

Ober-/Unterhitze: Etwa 220 °C (vorgeheizt)
Heißluft: Etwa 200 °C (nicht vorgeheizt)
Gas: Etwa Stufe 5 (vorgeheizt)
Backzeit: Etwa 20 Minuten.

Sprossen-Pizza

Für den Teig

30 g frische Hefe	in
3-4 Eßl. lauwarmem Wasser	auflösen, mit
400 g Weizenvollkornmehl	
etwa 200 ml (1/5 l) lauwarmem Wasser	
2 Eßl. Nußöl	zu einem Teig verkneten
2 Zwiebeln	abziehen, in Würfel schneiden
1 Eßl. Nußöl	erhitzen, Zwiebel anbraten
1 Knoblauchzehe	abziehen, zerdrücken, unterrühren, mit
Salz	
frisch gemahlenem Pfeffer	würzen, mit dem Teig verkneten, etwa 30 Minuten an einem warmen Ort gehen lassen, Teig in vier Portionen teilen, zu Pizzas von etwa 25 cm Durchmesser ausrollen, auf zwei gefettete Backbleche legen.

Für den Belag

1 kg Fleischtomaten	waschen, Stengelansätze entfernen, Tomaten in Scheiben schneiden, auf die Pizzas legen, mit
Salz	
frisch gemahlenem Pfeffer	bestreuen
1 Tasse (250 ml) Erbsenkeime	
1 Tasse (250 ml) Kichererbsenkeime	
1 Tasse (250 ml) rote Linsenkeime	
1 Tasse (250 ml) gelbe Linsenkeime	so auf die vier Pizzas verteilen, daß jede Keimart 1/4 bedeckt Pizzas noch etwa 15 Minuten gehen lassen, Backbleche nacheinander auf der mittleren Schiene in den Backofen schieben
Ober-/Unterhitze:	180-200 °C (vorgeheizt)
Heißluft:	160-180 °C (nicht vorgeheizt)
Gas:	Etwa Stufe 2
Backzeit:	Etwa 25 Minuten Pizzas mit

4 Eßl. Nußöl	beträufeln
2 Eßl. Alfalfakeime	mit
4 Eßl. geriebenem Parmesan-Käse	mischen, über die Pizzas streuen.

Geflügelpizza

	Für den Teig
300 g Weizenmehl (Type 405)	in eine Schüssel sieben
1 Päckchen Trocken-Backhefe 4 Eßl. Speiseöl 1 gestrichenen Teel. Salz knapp 125 ml (1/8 l) lauwarme Milch	hinzufügen, mit den Knethaken des Handrührgerätes zunächst auf der niedrigsten, dann auf der höchsten Stufe etwa 5 Minuten zu einem Teig verarbeiten; sollte er kleben, noch etwas Mehl hinzufügen (aber nicht zuviel, Teig muß weich bleiben), den Teig an einem warmen Ort so lange gehen lassen, bis er sich sichtbar vergrößert hat, ihn dann auf der höchsten Stufe nochmals gut durchkneten, den Teig zu einem Quadrat von 30 x 30 cm ausrollen, auf ein mit
Butter	gefettetes Backblech legen.
	Für den Belag
2 Stangen Staudensellerie (etwa 200 g) 1 Stange Lauch (Porree) (etwa 200 g)	beide Zutaten putzen, waschen, von dem Staudensellerie die harten Außenfäden abziehen, in Scheiben schneiden
1 rote Paprikaschote (etwa 200 g)	halbieren, entstielen, entkernen, die weißen Scheidewände entfernen, die Schote waschen, in dünne Streifen schneiden
1 Zwiebel 1 Knoblauchzehe	beide Zutaten abziehen, fein würfeln

3 Eßl. Speiseöl	erhitzen, das Gemüse, Zwiebel- und Knoblauchwürfel etwa 5 Minuten darin dünsten, mit Salz,
frisch gemahlenem Pfeffer	
Kräutern der Provence	würzen, abkühlen lassen
375 g Hähnchenbrustfilet	unter fließendem kaltem Wasser abspülen, trockentupfen, das Fleisch in dünne Streifen schneiden, mit Salz, Pfeffer bestreuen
2 Eßl. Speiseöl	erhitzen, die Fleischstreifen unter öfterem Wenden darin etwa 3 Minuten braten lassen
2 Eßl. Sojasauce	darübergeben, gut verrühren, abkühlen lassen.
	Den Teig mit
1 Eßl. Tomatenmark	bestreichen, das Gemüse darauf geben
2 Tomaten	waschen, in Scheiben schneiden, darauf verteilen, die Fleischstreifen darübergeben
100-150 g mittelalten	
Gouda	raspeln, über den Belag streuen, mit Kräutern der Provence bestreuen, mit
Olivenöl	beträufeln
Ober-/Unterhitze:	200-225 °C (vorgeheizt)
Heißluft:	180-200 °C (nicht vorgeheizt)
Gas:	Stufe 4-5 (vorgeheizt)
Backzeit:	Etwa 25 Minuten.

Pizza Napoli

Für den Teig

100 g Magerquark	mit
4 Eßl. Milch	
4 Eßl. Speiseöl	
1 1/2 Teel. Salz	in eine Rührschüssel geben, mit den Rührbesen des Handrührgerätes gut verrühren
200 g Weizenmehl	mit
3 Teel. Backpulver	vermischen, nach und nach unter die Quarkmasse geben

wenn der Teig noch klebt, noch etwas Mehl darunterkneten, aus dem Teig eine Kugel kneten

die Kugel auf ein gefettetes Backblech legen, mit einer Teigrolle auf dem Blech ausrollen, bis das ganze Blech mit der Teigplatte bedeckt ist.

Für den Belag

4 Eßl. Speiseöl	
8 Eßl. Tomatenketchup	auf dem Teig verteilen, von
1 Dose (850 ml) Tomaten	die Tomaten in Würfel schneiden
1 Dose (425 ml) Champignons	auf einem Sieb abtropfen lassen, Champignons in Scheiben schneiden
2 Zwiebeln	abziehen, in Scheiben schneiden

Tomatenwürfel, Pilz- und Zwiebelscheiben auf dem Teig verteilen, mit

1 Teel. Salz	
1 Teel. frisch gemahlenem Pfeffer	
1 Teel. gerebeltem Oregano	würzen

die Zutaten mit

12 Scheiben Salami	belegen, mit
100 g geraspeltem Käse	bestreuen

das Backblech in den Backofen schieben

Ober-/Unterhitze:	Etwa 200 °C (vorgeheizt)
Heißluft:	Etwa 180 °C (nicht vorgeheizt)
Gas:	Stufe 3-4 (vorgeheizt)
Backzeit:	Etwa 30 Minuten.

Pizza aus Neapel

200 g Weizenmehl	in eine Schüssel sieben
1/2 Päckchen	
Trocken-Backhefe	
1 Teel. Zucker	
Salz	
100 ml lauwarmes Wasser	
1 Eßl. Olivenöl	hinzufügen, die Zutaten mit den Knethaken des Handrührgerätes zunächst auf niedrigster, dann auf höchster Stufe in etwa 5 Minuten zu einem glatten Teig verarbeiten
	die Schüssel mit einem feuchten, warmen Küchentuch abdecken, den Teig an einem warmen Ort etwa 30 Minuten gehen lassen, ihn dann auf der Arbeitsfläche nochmals kräftig durcharbeiten, dünn ausrollen, eine gefettete Pizzaform damit auslegen
	den Teig mit einer Gabel mehrmals einstechen
1 Eßl. Tomatenmark	darauf streichen
2 Tomaten (etwa 200 g)	waschen, abtrocknen, die Stengelansätze herausschneiden, die Tomaten in Scheiben schneiden, auf den Teig legen
25 g gekochten Schinken	
25 g Salami	in Streifen schneiden, gleichmäßig auf die Tomaten geben
einige schwarze und grüne Oliven	darauf legen
6-8 Sardellenfilets	unter fließendem kaltem Wasser abspülen, trockentupfen, dekorativ auf die Pizza legen, die Pizza mit Salz,
frisch gemahlenem Pfeffer	
gehacktem Oregano	
gehacktem Basilikum	bestreuen
75 g Mozzarella-Käse	in Scheiben schneiden, auf die Zutaten legen die Pizza in den Backofen schieben
Ober-/Unterhitze:	Etwa 200 °C (vorgeheizt)
Heißluft:	Etwa 180 °C (nicht vorgeheizt)
Gas:	Etwa Stufe 4 (vorgeheizt)
Backzeit:	20-25 Minuten die gare Pizza mit
2 Eßl. gehackter Petersilie	bestreut servieren.

Spinatpizza

Für den Teig

175 g Weizenmehl (Type 1050)	in eine Schüssel sieben, mit
75 g Weizenschrot 1/2 Beutel Trockenbackhefe	sorgfältig mischen
25 g zerlassene Butter oder Margarine 1/2 Teel. Zucker Salz Pfeffer etwa 125 ml (1/8 l) lauwarme Milch	hinzufügen, alles mit den Knethaken zuerst auf der niedrigsten, dann auf der höchsten Stufe in etwa 5 Minuten zu einem Teig verarbeiten, sollte er kleben, noch etwas Mehl hinzufügen (aber nicht zuviel, Teig muß weich bleiben), den Teig an einem warmen Ort so lange stehen lassen, bis er doppelt so hoch ist, ihn dann auf der höchsten Stufe nochmals gut durchkneten, den Teig zu einer runden Platte von 35 cm Durchmesser ausrollen, auf ein Backblech oder in eine Springform legen.

Für den Belag

1 mittelgroße Zwiebel	abziehen
75 g durchwachsenen Speck 75 g gekochten Schinken 2 Eßl. Speiseöl	die 3 Zutaten in Würfel schneiden erhitzen, den Speck darin ausbraten, Zwiebel- und Schinkenwürfel hinzufügen, 2-3 Minuten dünsten lassen
500 g Spinat	sorgfältig verlesen, gründlich waschen, tropf-naß in einen Topf geben, zugedeckt dünsten lassen, bis die Blätter zusammenfallen, abtropfen lassen, mit den Schinken-, Speck- und Zwiebelwürfeln vermengen
2 Knoblauchzehen Salz geriebener Muskatnuß Zitronensaft	abziehen, fein würfeln, hinzufügen, Spinat mit würzen, auf dem Pizzaboden verteilen

400 g Fleischtomaten	waschen, abtrocknen, die Stengelansätze entfernen, die Tomaten in Scheiben schneiden, auf dem Spinat verteilen, mit Salz,
Pfeffer	
2 Eßl. gehackten	
Majoranblättchen	bestreuen
150 g Gouda-Käse	grob raspeln, darüber verteilen, die Pizza nochmals an einem warmen Ort gehen lassen, bis der Teig doppelt so hoch ist, dann das Backblech oder die Form in den Backofen schieben
Ober-/Unterhitze:	200-220 °C (vorgeheizt)
Heißluft:	180-200 °C (nicht vorgeheizt)
Gas:	Stufe 3-4 (vorgeheizt)
Backzeit:	25-30 Minuten.

Pizza mit Kalbsbries und Steinpilzen

Für den Teig

250 g Weizenmehl	in eine Schüssel sieben, mit
Salz	mischen, in die Mitte eine Vertiefung drücken
20 g Frisch-Hefe	hineinbröckeln
125 ml lauwarmes Wasser	
1/2 Teel. Olivenöl	darübergeben, die Hefe darin auflösen, mit Mehl bedecken, diesen „Vorteig" etwa 10 Minuten an einem warmen Ort gehen lassen, danach die Zutaten von der Mitte aus mit den Händen zu einem lockeren, glatten Teig verkneten, zu einer Kugel formen, über Kreuz einschneiden, mit etwas
Weizenmehl	bestäuben, zugedeckt etwa 1 Stunde an einem warmen Ort gehen lassen.

Für den Belag

1 kg Kalbsbries	mehrere Stunden in kaltes Wasser geben, in
Salzwasser	zum Kochen bringen, 3 Minuten schwach kochen, dann in kaltes Wasser geben, abtrocknen, die Haut abziehen, das Bries in nußgroße Teile zerlegen, diese in Scheiben schneiden
4-5 Eßl. Olivenöl	erhitzen, die Briesscheiben mit
2 Eßl. gehackter Petersilie	darin anbraten
2 Auberginen	waschen, abtrocknen, Stengelansätze entfernen, die Auberginen in Scheiben schneiden

100 g Butter	zerlassen, die Auberginenscheiben anbraten
400 g Steinpilze	putzen, abspülen, trockentupfen, in Scheiben schneiden
50 g Butter	zerlassen, die Pilze darin anbraten
800 g enthäutete Tomaten	halbieren, in Würfel schneiden
	den Pizzateig zu einer runden Platte von 28 cm Durchmesser ausrollen, auf ein mit wenig
Olivenöl	bestrichenes Back- oder Pizzablech legen, den Teig mit etwas Olivenöl bestreichen, zuerst mit den Tomatenwürfeln belegen, dann Auberginen, Pilze und Bries darauf anrichten
400 g Mozzarella-Käse	abtropfen lassen, in kleine Würfel schneiden, über den Pizza-Belag streuen, die Pizza in den Backofen schieben
Ober-/Unterhitze:	Etwa 220 °C (vorgeheizt)
Heißluft:	Etwa 200 °C (nicht vorgeheizt)
Gas:	Etwa Stufe 5 (vorgeheizt)
Backzeit:	Etwa 20 Minuten.

Kartoffelpizza

750 g Kartoffeln	schälen, waschen, in dünne Scheiben schneiden, zum Trocknen eine Zeitlang auf Haushaltspapier legen
150 g durchwachsenen Speck	in kleine Würfel schneiden, auslassen, die Kartoffelscheiben hinzugeben, etwa 5 Minuten unter öfterem Wenden braten lassen
500 g Tomaten	waschen, abtrocknen, in Scheiben schneiden, mit den Kartoffelscheiben vermengen, beide Zutaten gleichmäßig auf einem gefetteten Backblech verteilen, mit
1/4 TL gerebeltem Oregano *1 Eßl. gehackter Petersilie* *Knoblauchsalz* *frisch gemahlenem Pfeffer*	bestreuen, die Pizza mit
250 g Maasdamer	gleichmäßig belegen
Ober-/Unterhitze:	200-225 °C (vorgeheizt)
Heißluft:	180-200 °C (nicht vorgeheizt)
Gas:	Stufe 4-5 (vorgeheizt)
Backzeit:	Etwa 25 Minuten
	die Pizza in Stücke teilen, heiß servieren.

Überbackenes Partybrot *(Foto S. 31)*

1 Fladenbrot	quer halbieren, ein Backblech mit
2 Eßl. Speiseöl	bestreichen
2 Dosen (à 185 g)	
Thunfisch in Öl	abtropfen lassen, das Öl auffangen, die Fladenbrote damit bestreichen
250 g gekochten Schinken	in Streifen schneiden
	den Thunfisch in kleine Stücke zerteilen
1/2 Salatgurke	waschen, putzen, mit der Schale hobeln
	alles gleichmäßig auf den beiden Hälften verteilen
2 Becher (à 150 g)	
Frischkäse mit Kräutern	mit
2 Eiern	verrühren, über den Fladenbrothälften verteilen,
	das Blech in den Backofen schieben
Ober-/Unterhitze:	200-220 °C (vorgeheizt)
Heißluft:	180-200 °C (nicht vorgeheizt)
Gas:	Stufe 4-5 (vorgeheizt)
Backzeit:	Etwa 15 Minuten
	das überbackene Brot in Stücke schneiden, mit
2 Eßl. Schnittlauch-	
röllchen	bestreuen.

Grüne Riesenpizza *(Foto S. 33)*

	Für den Teig
250 g Weizenmehl	
(Type 405)	mit
50 g Maismehl	mischen, in eine Rührschüssel sieben
150 g trockenen Mager-	
quark	
6 Eßl. Olivenöl	
1 Ei	
1 Teel. getrockneten	
Oregano	
Salz	
1 Eßl. Wasser	hinzufügen
	die Zutaten mit den Knethaken des Handrührgerätes auf höchster Stufe in etwa 1 Minute zu

einem geschmeidigen, formbaren Teig verarbeiten.

Für den Belag

300 g Brokkoli	putzen, unter fließendem kaltem Wasser abspülen, abtropfen lassen, in einem Topf reichlich Wasser mit
Salz	zum Kochen bringen, den Brokkoli darin etwa 2 Minuten blanchieren, mit einem Schaumlöffel herausheben, abtropfen lassen
200 g Zuckerschoten (ersatzweise tiefgekühlt)	waschen, abtropfen lassen, die Enden abzwikken, dabei eventuell vorhandene Fäden abziehen, von
1-2 Bund kleinen Frühlingszwiebeln	Wurzeln und welke Blätter abschneiden, waschen, trockentupfen, der Länge nach halbieren
200 g Zucchini	waschen, trockentupfen, die Enden abschneiden, die Zucchini in Scheiben schneiden
1 Bund Petersilie	unter fließendem kaltem Wasser abspülen, trockentupfen, die Blätter von den Stengeln zupfen, mit
4 Eßl. saurer Sahne	mit dem Pürierstab des Handrührgerätes pürieren
	den Teig zur Kugel formen, auf ein mit Backpapier ausgelegtes Backblech legen und nach allen Seiten zu einem großen, viereckigen Fladen ausrollen, flachdrücken, mit der Petersiliensahne bestreichen, je ein Viertel mit einer der Gemüsesorten belegen,
300 g Edamer	in Würfel schneiden, auf die Pizza streuen
Ober-/Unterhitze:	Etwa 175 °C (vorgeheizt)
Heißluft:	Etwa 150 °C (nicht vorgeheizt)
Gas:	Etwa Stufe 3 (vorgeheizt)
Backzeit:	25-30 Minuten.

Pizza mit Lotte und Staudensellerie

Für den Teig

250 g Weizenmehl	in eine Schüssel sieben, mit
Salz	mischen, in die Mitte eine Vertiefung drücken
20 g Frisch-Hefe	hineinbröckeln
125 ml (1/8 l)	
lauwarmes Wasser	
1/2 Teel. Olivenöl	darübergeben, die Hefe darin auflösen, mit Mehl bedecken, diesen „Vorteig" etwa 10 Minuten an einem warmen Ort gehen lassen, danach die Zutaten von der Mitte aus mit den Händen zu einem lockeren, glatten Teig verkneten, zu einer Kugel formen, über Kreuz einschneiden, mit etwas
Weizenmehl	bestäuben, zugedeckt etwa 1 Stunde an einem warmen Ort gehen lassen.

Für den Belag

400 g Lotte-Filet	abspülen, trockentupfen, in etwa 1 cm große Stücke schneiden
200 g Tomaten	halbieren, entkernen, in Würfel schneiden
200 g Staudensellerie	putzen, harte Fäden abziehen, die Stengel waschen, in dünne Scheiben schneiden
4 kleine Schalotten	abziehen, fein würfeln
4 Eßl. Olivenöl	erhitzen, die Schalottenwürfel darin andünsten, den Staudensellerie hinzufügen, mitdünsten, zuerst die Fischstückchen, dann die Tomatenwürfel dazugeben, ebenfalls mitdünsten, mit
Salz	
Pfeffer	würzen
1 Knoblauchzehe	abziehen, fein würfeln
5 Basilikumblättchen	abspülen, fein hacken
	beide Zutaten zu Fisch und Gemüse geben, den Pizzateig zu einer runden Platte von etwa 28 cm Durchmesser ausrollen, auf ein mit wenig
Olivenöl	bestrichenes Back- oder Pizzablech legen, den Teig mit etwas Olivenöl bestreichen, den Belag gleichmäßig darauf verteilen
400 g Mozzarella-Käse	abtropfen lassen, in kleine Würfel schneiden, über den Pizza-Belag streuen, die Pizza in den Backofen schieben

34

Ober-/Unterhitze:	Etwa 220 °C (vorgeheizt)
Heißluft:	Etwa 200 °C (nicht vorgeheizt)
Gas:	Etwa Stufe 5 (vorgeheizt)
Backzeit:	Etwa 20 Minuten.

Mini-Lauchpizzas

125 g Weizenmehl (Type 405) 1/4 Teel. Salz 70 g kalter Butter	sieben, mit
2 Eßl. kaltem Wasser	rasch zu einem glatten Teig verkneten, eingewickelt kalt stellen, den Teig auf bemehlter Arbeitsfläche dünn ausrollen, vier Tortelettförmchen (Durchmesser etwa 10 cm) damit auskleiden
4 Scheiben jungen Gouda	auf den Böden verteilen
100 g durchwachsenen Speck	in Würfel schneiden, auslassen
2 Stangen Lauch (Porree)	putzen, seitlich einschneiden, gründlich waschen, in Scheiben schneiden, im Speckfett etwa 10 Minuten dünsten, mit
Salz frisch gemahlenem Pfeffer	würzen
150 g Edamer	würfeln, mit der Lauch-Speck-Mischung auf die Torteletts verteilen
Ober-/Unterhitze:	Etwa 200 °C (vorgeheizt)
Heißluft:	Etwa 180 °C (nicht vorgeheizt)
Gas:	Etwa Stufe 3 (vorgeheizt)
Backzeit:	15-20 Minuten.
Tip:	Anstatt des Specks können Sie auch dieselbe Menge Garnelen verwenden. Den Lauch dann in 30 g Butter andünsten, mit den Garnelen vermengen, würzen und auf den Torteletts verteilen.

Kleine Sardellen- und Krabbenpizzas

Für den Teig

300 g Weizenmehl (Type 405) 1 Päckchen Trocken-Backhefe 1 gestrichenen Teel. Salz 4 Eßl. Olivenöl	in eine Rührschüssel sieben
gut 125 ml (1/8 l) lauwarme Milch	hinzufügen, zu einem geschmeidigen Teig verkneten, mit etwas

Weizenmehl	bestäuben
	zugedeckt so lange an einem warmen Ort gehen lassen, bis sich der Teig sichtbar vergrößert hat, nochmals durchkneten, eine lange Rolle formen und in 12 gleich große Stücke schneiden und etwa 3 mm dicke Fladen ausrollen, den Rand etwas höher lassen.

Für die Sardellenpizza

8 Tomaten	waschen, abtrocknen, mit
400 g Edamer	in Scheiben schneiden
18 schwarze Oliven	entkernen
6 Sardellenfilets	wässern, 6 Pizzas zuerst mit Tomaten, den Käsescheiben, den Oliven und Sardellenfilets belegen, mit
1 Teel. gerebeltem Thymian	würzen, mit etwas
Olivenöl	beträufeln.

Für die Krabbenpizza
die restlichen 6 Pizzas mit

300 g geschälten Krabben	belegen
1 Ei	mit
2 Eßl. Crème double	verrühren, auf den Pizzas verteilen, mit
Salz	
frisch gemahlenem weißem Pfeffer	würzen
3 Eßl. gehackte Petersilie	darüberstreuen, mit etwas
Olivenöl	beträufeln
Ober-/Unterhitze:	Etwa 225 °C (vorgeheizt)
Heißluft:	Etwa 200 °C (nicht vorgeheizt)
Gas:	Etwa Stufe 5 (vorgeheizt)
Backzeit:	Etwa 20 Minuten, heiß servieren

Muschelpizza

Für den Teig

300 g Weizenmehl (Type 405)
1 Päckchen Trocken-Backhefe
in eine Schüssel sieben, mit sorgfältig vermischen

4 Eßl. Speiseöl
1 gestrichenen Teel. Salz
gut 125 ml (1/8 l) lauwarme Milch
hinzufügen, mit den Knethaken des Handrührgerätes zuerst auf der niedrigsten, dann auf der höchsten Stufe etwa 5 Minuten zu einem Teig verarbeiten, den Teig an einem warmen Ort so lange gehen lassen, bis er sich sichtbar vergrößert hat, ihn dann auf der höchsten Stufe nochmals gut durchkneten, den Teig halbieren, jede Teighälfte zu einer runden Platte von etwa 20 cm Durchmesser ausrollen, auf ein mit Backpapier belegtes Backblech legen.

Für den Belag

etwa 250 g Champignons (aus der Dose)
abtropfen lassen, halbieren

2 Dosen (je etwa 180 g) spanische Muscheln
abtropfen lassen

200 g gekochten Schinken
4 enthäutete Tomaten
10 spanische Oliven mit Paprika gefüllt
Schinken und Tomaten in Stücke, Oliven in Scheiben schneiden

250 g Edamer
in Stücke schneiden

5 kleine rote Pfefferschoten (aus dem Glas)
abtropfen lassen, entkernen, in Ringe schneiden, die Zutaten auf den beiden Pizzaböden verteilen, mit

1/2 Eßl. grünen eingelegten Pfefferkörnern
je 1/2 Teel. gerebeltem Oregano
1/2 Teel. gerebeltem Basilikum

gerebeltem Salbei
gerebeltem Rosmarin
4 Eßl. Olivenöl bestreuen, mit
beträufeln, die Pizzas nochmals an einem warmen Ort gehen lassen, bis sich der Teig sichtbar vergrößert hat

Ober-/Unterhitze: 200-220 °C (vorgeheizt)
Heißluft: 180-200 °C (nicht vorgeheizt)
Gas: Stufe 4-5 (vorgeheizt)
Backzeit: Etwa 25 Minuten.

Käsepizza

Für den Teig

500 g Weizenvollkornmehl in eine Rührschüssel geben, mit
1 Päckchen
Trocken-Backhefe sorgfältig mischen
1 Teel. gemahlenen
Koriander
1 Teel. Meersalz
1 Teel. gemahlenen
Kümmel
2 Eier
180 ml lauwarme
Milch
70 g zerlassene,
abgekühlte Butter hinzufügen
mit den Knethaken des Handrührgerätes auf
niedrigster Stufe zu einem glatten Teig verarbeiten, zugedeckt an einem warmen Ort so
lange gehen lassen, bis der Teig sich verdoppelt hat, nochmals durchkneten, auf einem gefetteten Blech ausrollen.

Für den Belag

200 g Zwiebeln abziehen, würfeln, in
30 g Butter glasig dünsten, abkühlen lassen
400 g Fleischtomaten waschen, die Stengelansätze herausschneiden, die Tomaten in Scheiben schneiden
4 Peperoni putzen, waschen, in Scheiben schneiden
400 g Appenzeller Käse grob würfeln, die Zutaten auf dem Teig verteilen.

Für den Guß

200 g saure Sahne
200 ml Schlagsahne
3 Eier
3 Eßl. Weizenvollkornmehl
1 Teel. Salz
frisch gemahlenen Pfeffer
geriebene Muskatnuß hinzufügen, mit den Rührbesen des Handrührgerätes gut verrühren, über den Belag gießen,
mit

3 Eßl. Kümmel bestreuen
das Backblech in den kalten Backofen schieben.

Ober-/Unterhitze: Etwa 200 °C
Heißluft: Etwa 180 °C
Gas: Stufe 3-4
Backzeit: Etwa 50 Minuten.

Exotische Pizza

Für den Teig

250 g Weizenmehl (Type 405)	in eine Rührschüssel sieben
1 Ei	
1/2 Teel. Salz	
100 g kalte Butter in Flöckchen	
5 Eßl. Buttermilch	hinzufügen, mit den Knethaken des Hand-rührgerätes zu einem glatten Teig verkneten, Teig zur Kugel formen, in Frischhaltefolie wickeln, etwa 30 Minuten im Kühlschrank ruhen lassen, auf einem gefetteten Backblech mit einer Teigrolle zu einer großen runden Pizza ausrollen.

Für den Belag

100 g Schweinefilet	in kleine Würfel schneiden
2 Eßl. Sojasauce	mit
1/2 Teel. Rohzucker	
frisch gemahlenem Pfeffer	verrühren, das Filet darin kurze Zeit marinieren lassen
5 Ananasringe	gut abtropfen lassen
4 kleine Tomaten	waschen, abtrocknen, in Achtel schneiden, dabei die Stengelansätze entfernen
1 Chicorée	waschen, den Strunk keilförmig ausschneiden Chicorée in schmale Ringe schneiden das Schweinefleisch mit
2 Eßl. Frühlings-zwiebelröllchen	auf der Pizza verteilen, mit Ananasringen und Tomatenspalten belegen, mit dem Chicorée bestreuen
250 g Edamer	in dünne Scheiben schneiden, auf der Pizza verteilen
Ober-/Unterhitze:	Etwa 200 °C (vorgeheizt)
Heißluft:	Ewa 180 °C (nicht vorgeheizt)
Gas:	Etwa Stufe 4 (vorgeheizt)
Backzeit:	Etwa 30 Minuten.

42

Tomaten-Zucchini-Kuchen

Für den Teig

300 g Weizenmehl	in eine Rührschüssel geben, von
150 ml Wasser	3 Eßlöffel abnehmen
20 g Hefe	mit
etwas Zucker	und den 3 Eßlöffeln Wasser verrühren, etwa 10 Minuten gehen lassen
100 g Butterschmalz	restliches Wasser, Hefe,
1 Teel. Salz	hinzufügen, mit den Knethaken des Handrührgerätes in etwa 5 Minuten zu einem glatten Teig verarbeiten den Teig an einem warmen Ort zugedeckt gehen lassen, bis er doppelt so hoch ist.

Für den Belag

700 g Tomaten	abspülen, Stengelansatz entfernen
500 g Zucchini	putzen, waschen, die Enden abschneiden Tomaten und Zucchini in Scheiben schneiden ein Backblech mit
Butterschmalz	einfetten, den Teig darauf ausrollen Tomaten- und Zucchinischeiben abwechselnd schuppenförmig darauf verteilen, mit
Salz	
frisch gemahlenem Pfeffer	
1 Eßl. feingehacktem Majoran	
1 Eßl. feingehacktem Thymian	bestreuen
2 Eier	
1 Becher (150 g) Crème fraîche	verrühren, darüber verteilen das Backblech auf der mittleren Schiene in den Backofen schieben
Ober-/Unterhitze:	Etwa 200 °C (vorgeheizt)
Heißluft:	Etwa 180 °C (nicht vorgeheizt)
Gas:	Etwa Stufe 4 (vorgeheizt)
Backzeit:	30-35 Minuten den Tomaten-Zucchini-Kuchen warm servieren.

Kleine Käse-Gemüsekuchen

Für den Teig

1 Fertigmischung Pizza-Teig (2 Beutel je 175 g)
200 ml kaltes Wasser
2 Eßl. Speiseöl nach Packungsvorschrift zu einem glatten Teig verarbeiten

100 g geriebenen Gouda unterkneten
den Teig zu einer langen Rolle formen und in 12 gleich große Stücke schneiden
die Stücke zu Kugeln formen, rund ausrollen (etwa 10 cm Durchmesser), mit dem Daumen einen Rand eindrücken, auf ein gefettetes Backblech legen.

Für den Belag

200 g Kirschtomaten waschen, in Scheiben oder Viertel schneiden
1 Zwiebel abziehen, in Scheiben schneiden
1 kleinen Zucchino putzen, waschen, in Scheiben schneiden
die Zutaten auf 3 Gemüsekuchen verteilen

1 rote Paprikaschote
1 grüne Paprikaschote waschen, halbieren, entkernen, die weißen Scheidewände entfernen, in kleine Stücke schneiden, etwa 2 Minuten blanchieren
die Zutaten auf 3 Gemüsekuchen verteilen

150 g Austernpilze putzen, mit Küchenpapier abreiben, in Stücke schneiden
2 Eßl. Speiseöl erhitzen, die Austernpilze kurz andünsten
1 Knoblauchzehe abziehen, durch eine Knoblauchpresse drük-ken, zu den Austernpilzen geben
50 g Salami mit den Austernpilzen auf 3 Gemüsekuchen verteilen
2 Frühlingszwiebeln putzen, waschen, in Ringe schneiden
1 Zwiebel abziehen, in Ringe schneiden, beide Zutaten mit

50 g Blutwurst, in Scheiben geschnitten auf 3 Gemüsekuchen verteilen
alle Gemüsekuchen mit

Salz
frisch gemahlenem Pfeffer
Majoranblättchen würzen

Thymianblättchen	
Basilikumblättchen	auf den Gemüsekuchen verteilen, mit
150 g geriebenem	
Emmentaler	bestreuen oder
150 g Camembert	in Scheiben schneiden, die Gemüsekuchen
	damit belegen
	die Gemüsekuchen auf dem Backblech in den
	Backofen schieben
Ober-/Unterhitze:	Etwa 200 °C (vorgeheizt)
Heißluft:	Etwa 170 °C (nicht vorgeheizt)
Gas:	Etwa Stufe 4 (vorgeheizt)
Backzeit:	Etwa 15 Minuten.

Pizza-Fladen *(20 Stück)*

500 g Weizenvollkornmehl	in eine Schüssel geben, in die Mitte eine Vertiefung drücken
40 g Hefe	mit
125 ml (1/8 l) lauwarmer Milch	verrühren, in die Mulde geben, zugedeckt etwa 20 Minuten gehen lassen
50 g Butter	
1/4 Teel. Salz	
1 Ei	hinzugeben, mit den Knethaken des Hand-rührgerätes zu einem glatten Teig verarbeiten nochmals etwa 20 Minuten gehen lassen, inzwischen
2 Zwiebeln	abziehen, fein würfeln
1 Eßl. Speiseöl	erhitzen, die Zwiebelwürfel darin andünsten
1 Dose (800 g) Tomaten	hinzugeben, 15-20 Minuten bei mittlerer Hitze dicklich einkochen
1 rote Paprikaschote	
1 grüne Paprikaschote	halbieren, entstielen, die weißen Scheidewän-de entfernen, die Schoten abspülen, in feine Streifen schneiden
200 g Champignons	putzen, mit Küchenpapier abreiben Champignons in feine Scheiben schneiden, das Gemüse zu den Tomaten geben, noch 5 Minuten ziehen lassen
75 g mageren Kochschinken	in feine Streifen oder Würfel schneiden, zu den Tomaten geben, mit
Salz	
frisch gemahlenem Pfeffer	
gerebeltem Oregano	
gerebeltem Basilikum	würzen
	den Teig in 20 gleich große Stücke teilen, zu dünnen länglichen Fladen ausrollen, auf ein mit Backpapier belegtes Blech geben, den Be-lag auf den Fladen verteilen,
100 g geraspelter Käse	darüberstreuen, in den Backofen schieben
Ober-/Unterhitze:	Etwa 200 °C (vorgeheizt)
Heißluft:	Etwa 180 °C (nicht vorgeheizt)
Gas:	Etwa Stufe 4 (vorgeheizt)
Backzeit:	Etwa 25 Minuten
Tip:	Pizzafladen lassen sich sehr gut einfrieren. Dann im Backofen auftauen und erhitzen.

48

Herzhafte Quiches und Tartes

Lachs-Quiche *(Foto S. 50/51)*

Für den Teig

300 g Weizenmehl	in eine Rührschüssel geben
1 Eßl. Zucker	
1/2 Teel. Salz	
175 g Butter	
1 Eigelb	hinzugeben, mit den Knethaken des Hand-rührgerätes einen Teig herstellen, den Teig etwa 30 Minuten kühl stellen.

Für den Belag

3 Schalotten	abziehen, fein würfeln, in
30 g Butterschmalz	andünsten
500 g Sauerkraut	
125 ml (1/8 l) Weißwein	
1 Lorbeerblatt	hinzugeben, etwa 30 Minuten dünsten lassen, mit
Salz	
frisch gemahlenem Pfeffer	abschmecken, alles gut abtropfen lassen
200 g Räucherlachs	in Streifen schneiden
300 g Frischkäse	
mit Kräutern	
500 ml (1/2 l) Schlagsahne	
geriebene Muskatnuß	Salz, Pfeffer verrühren

den Teig auf einem gefetteten Backblech ausrollen
Sauerkraut und Räucherlachs darauf verteilen, darauf die Eier-Sahne-Masse geben, an der offenen Seite des Backblechs einen Alustreifen legen, das Blech in den Backofen schieben

Ober-/Unterhitze:	180-200 °C (vorgeheizt)
Heißluft:	160-180 °C (nicht vorgeheizt)
Gas:	Stufe 3-4 (vorgeheizt)
Backzeit:	Etwa 35 Minuten.

Grüne Quiche

Für den Teig

200 g Weizenmehl	
(Type 550)	in eine Rührschüssel sieben
100 g Butter	
1 Eigelb	

1/2 Teel. Salz	
2 Eßl. kaltes Wasser	hinzufügen, die Zutaten mit den Knethaken des Handrührgerätes zunächst auf niedrigster, dann auf höchster Stufe gut durcharbeiten, anschließend auf einer leicht bemehlten Arbeitsfläche zu einem glatten Teig verkneten, etwa 1 Stunde kalt stellen.

Für den Belag

2 Bund Frühlingszwiebeln	
200 g Brokkoli	putzen, waschen, die Frühlingszwiebeln längs halbieren, den Brokkoli in kleine Röschen zerteilen, beide Zutaten in
kochendem Salzwasser	etwa 2 Minuten blanchieren, das Gemüse anschließend auf ein Sieb geben, mit kaltem Wasser übergießen, abtropfen lassen
150 g Spinat	sorgfältig verlesen, die groben Stiele entfernen, in
kochendem Salzwasser	etwa 2 Minuten blanchieren, mit kaltem Wasser übergießen, gut ausdrücken, mit
3 Bund gemischten Kräutern	pürieren oder fein hacken
4 Eier	
200 g Schlagsahne	
150 g geriebenen mittelalten Gouda	unterrühren, mit
Salz	
frisch gemahlenem Pfeffer	
geriebener Muskatnuß	abschmecken, den Teig zwischen Folie zu einer runden Platte ausrollen (Durchmesser etwa 30 cm), eine mit
Butter oder Margarine	eingefettete Quicheform (Durchmesser 26 cm) damit auslegen
200 g mageren, milden Schinken	in kleine Würfel schneiden, mit Frühlingszwiebeln und Brokkoliröschen auf den Teigboden geben, Spinat-Käse-Masse darüber geben, mit
2 Eßl. Pinienkernen	bestreuen
Ober-/Unterhitze:	Etwa 200 °C (vorgeheizt)
Heißluft:	Etwa 180 °C (nicht vorgeheizt)
Gas:	Stufe 3-4 (vorgeheizt)
Backzeit:	Etwa 30 Minuten.

53

Gemüsequiche

Für den Teig

200 g Weizenmehl	in eine Rührschüssel sieben
1 gestr. Teel. Salz	
1 Ei	
100 g Butter	hinzufügen; die Zutaten mit den Knethaken des Handrührgerätes zunächst kurz auf niedrigster, dann auf höchster Stufe gut durcharbeiten, anschließend auf der Arbeitsplatte zu einem glatten Teig verkneten
	den Teig 1-2 Stunden kalt stellen
2 Zucchini (250 g)	putzen, waschen, in Scheiben schneiden, in
kochendes Salzwasser	geben, einmal aufkochen lassen
100 g tiefgekühlte Erbsen	
300 g tiefgekühlten Brokkoli	nacheinander jeweils 3 Minuten in dem Zucchiniwasser kochen lassen
	das Gemüse auf ein Sieb geben, mit kaltem Wasser übergießen, gut abtropfen lassen
4 Tomaten	kurze Zeit in kochendes Wasser geben (nicht kochen lassen), in kaltem Wasser abschrecken, enthäuten, die Stengelansätze herausschneiden, in dünne Scheiben schneiden, das Gemüse erkalten lassen, den Teig ausrollen, eine Form (Durchmesser etwa 28 cm) damit auslegen, den Rand 2-3 cm hochziehen, den Teigboden mehrmals mit einer Gabel einstechen die Form auf dem Rost in den kalten Backofen schieben
Ober-/Unterhitze:	Etwa 225 °C (vorgeheizt)
Heißluft:	Etwa 200 °C (nicht vorgeheizt)
Gas:	Etwa Stufe 4 (vorgeheizt)
Backzeit:	10-15 Minuten
	das Gemüse auf dem vorgebackenen Boden verteilen, in die Mitte die Erbsen geben, dann Zucchinischeiben als Kreis, dann Brokkoli und als äußersten Kreis Tomatenscheiben auf den Boden legen, das Gemüse mit
frisch gemahlenem Pfeffer	bestreuen
200 g Gouda	in Würfel schneiden, über das Gemüse geben
1 Becher (150 g) Crème fraîche	mit

2 Eiern	
1 Teel. scharfem Senf	
1 Eßl. gehackten Kräutern	verrühren, mit
Salz	
geriebener Muskatnuß	abschmecken, über das Gemüse gießen
	die Form auf dem Rost in den Backofen
	schieben
Ober-/Unterhitze:	175-200 °C (vorgeheizt)
Heißluft:	150-175 °C (nicht vorgeheizt)
Gas:	Etwa Stufe 4 (vorgeheizt)
Backzeit:	45 Minuten.

Kohl-Quiche *(Foto)*

Von

1 kleinen Kopf Weißkohl (etwa 500 g)	die äußeren Blätter enfernen, den Kohl vierteln, den Strunk herausschneiden, den Kohl waschen, fein hobeln, in
kochendes Salzwasser	geben, zum Kochen bringen, etwa 5 Minuten kochen, abtropfen lassen
500 g Spinat	verlesen, gründlich waschen, tropfnaß in einen Topf geben, erhitzen, bis die Blätter zusammenfallen, abtropfen lassen
2-3 Knoblauchzehen	abziehen, durchpressen
1 Bund glatte Petersilie	
6 Salbeiblätter	die Kräuter abspülen, trockentupfen, feinhacken
150 g Emmentaler Käse	reiben
100 g Schafskäse	fein zerbröseln
4 Eier	mit
1 Teel. Salz	
frisch gemahlenem Pfeffer	verschlagen
	alle Zutaten miteinander vermengen, in eine flache gefettete Quiche-Form füllen, mit gefettetem Pergamentpapier abdecken
Ober-/Unterhitze:	Etwa 200 °C (vorgeheizt)
Heißluft:	Etwa 180 °C (nicht vorgeheizt)
Gas:	Etwa Stufe 3 (vorgeheizt)
Backzeit:	Etwa 30 Minuten
	Etwa 10 Minuten vor Beendigung der Backzeit das Pergamentpapier entfernen.

Lauch-Kuchen

250 g Weizenmehl	auf eine Arbeitsfläche sieben
125 g kalte Butter	in Stücke schneiden, mit
1/2 Teel. Salz	
Zucker	zu dem Mehl geben, alles schnell zu einem glatten Teig verkneten, etwa 30 Minuten kalt stellen, den Teig auf dem Boden einer gefetteten Springform (Durchmesser 28 cm) ausrol-

len, am Rand etwa 2 cm hochdrücken, die
Form auf dem Rost in den Backofen schieben

Ober-/Unterhitze:	Etwa 250 °C (vorgeheizt)
Heißluft:	Etwa 220 °C (nicht vorgeheizt)
Gas:	Etwa Stufe 5
Backzeit:	Etwa 10 Minuten.

Für den Belag

100 g durchwachsenen
Speck in Würfel schneiden, auslassen
1 kg Porree (Lauch) putzen, das dunkle Grün bis auf etwa 10 cm
entfernen
den Porree in dünne Scheiben schneiden,
gründlich waschen, abtropfen lassen, in dem
Speckfett etwa 15 Minuten dünsten lassen,
mit

Salz
frisch gemahlenem Pfeffer würzen, abkühlen lassen
1 Packung (200 g)
Frühlings-Quark mit
3 Eiern unter den Porree rühren
die Masse auf den vorgebackenen Boden geben, glattstreichen, die Form auf dem Rost in
den Backofen schieben

Ober-/Unterhitze:	Etwa 200 °C (vorgeheizt)
Heißluft:	Etwa 180 °C (nicht vorgeheizt)
Gas:	Etwa Stufe 4 (vorgeheizt)
Backzeit:	Etwa 40 Minuten
	den Lauch-Kuchen heiß servieren.

Zwiebelkuchen vom Blech

Für den Teig

400 g Weizenmehl
(Type 550) in eine Schüssel sieben, mit
1 Päckchen
Trocken-Backhefe sorgfältig vermischen
1 Teel. Zucker
1 gestrichenen Teel. Salz
4 Eßl. Speiseöl
250 ml (1/4 l)
lauwarme Milch hinzufügen, alles mit den Knethaken des

58

Handrührgerätes zuerst auf niedrigster, dann auf höchster Stufe in etwa 5 Minuten zu einem Teig verarbeiten, sollte er kleben, noch etwas Mehl hinzufügen (aber nicht zuviel, Teig muß noch weich bleiben), den Teig an einem warmen Ort so lange gehen lassen, bis er sich sichtbar vergrößert hat.

Für den Belag

1 1/2 kg Gemüsezwiebeln	abziehen, vierteln, in Scheiben schneiden
2 Eßl. Butter	zerlassen, die Zwiebelscheiben darin andünsten, mit
Salz	
frisch gemahlenem Pfeffer	
gemahlenem Rosmarin	würzen
1 Teel. Kümmel	
1 abgezogene, zerdrückte	
Knoblauchzehe	unterrühren, die Masse 15-20 Minuten im offenen Topf dünsten lassen, bis alle Flüssigkeit verdampft ist, ab und zu durchrühren, erkalten lassen
350 g durchwachsenen	
Speck	in Würfel schneiden
200 g mittelalten Gouda	raspeln
3 Eier	
2 Eßl. Crème fraîche	
	die vier Zutaten unter die Zwiebelmasse rühren, mit Salz, Pfeffer abschmecken, den gegangenen Teig nochmals gut durchkneten, ihn in der Größe einer Fettfangschale ausrollen, die Fettfangschale mit
Butter oder Margarine	ausfetten, den Teig hineingeben, an den Seiten hochdrücken, die Zwiebelmasse darauf verteilen
	den Teig nochmals an einem warmen Ort gehen lassen
Ober-/Unterhitze:	200-220 °C (vorgeheizt)
Heißluft:	180-200 °C (nicht vorgeheizt)
Gas:	Stufe 3-4 (vorgeheizt)
Backzeit:	Etwa 40 Minuten.

Zarte Gemüse-Quiche mit Sprossen

500 g junge grüne Bohnen	waschen, die Enden abschneiden, evtl. Fäden abziehen
500 g Kartoffeln	
500 g Karotten	waschen, schälen, in dünne Scheiben hobeln eine große, flache Auflaufform (25 x 30 cm) mit
1 Eßl. Butter	ausstreichen, schräg überlappend in die Form schichten, mit
2 Tassen Mungobohnensprossen (ersatzweise Sojabohnensprossen)	bestreuen
500 ml (1/2 l) Milch	
250 ml (1/4 l) Schlagsahne	
3 Eigelb	verquirlen, salzen, über das Gemüse gießen, auf dem Rost in den Backofen schieben
Ober-/Unterhitze:	Etwa 200 °C (vorgeheizt)
Heißluft:	Etwa 180 °C (nicht vorgeheizt)
Gas:	Etwa Stufe 3 (vorgeheizt)
Backzeit:	Etwa 70 Minuten nach 50 Minuten Backzeit
3 Eiweiß	steif schlagen, mit
50 g geriebenen Haselnüssen	vermischen, von
1 Kressekästchen	das Grün abschneiden, unterziehen, auf den Auflauf geben und in den restlichen 15 Minuten fertig backen.

Quiche Lorraine *(Foto)*

Für den Teig	
250 g Weizenmehl (Type 550)	in eine Rührschüssel sieben, in die Mitte eine Vertiefung eindrücken
1 Eigelb	
Salz	
4 Eßl. kaltes Wasser	hineingeben, mit einem Teil des Mehls zu einem dicken Brei verarbeiten
125 g kalte Butter	in Stücke schneiden, darauf geben, mit Mehl bedecken, alle Zutaten von der Mitte aus

60

	schnell zu einem glatten Teig verkneten, den Teig zu einer Platte (Durchmesser 26 cm) ausrollen, in eine gefettete Springform (Durchmesser 24 cm) legen, gut andrücken Teigboden mehrmals mit einer Gabel einstechen, den Teig vorbacken
Ober-/Unterhitze:	200-220 °C (vorgeheizt)
Heißluft:	180-200 °C (nicht vorgeheizt)
Gas:	Stufe 4-5 (vorgeheizt)
Backzeit:	Etwa 15 Minuten
80 g Maasdamer	in feine Scheiben schneiden
120 g durchwachsenen Speck	würfeln, andünsten, mit dem Käse
125 ml (1/4 l) Schlagsahne	
4 Eiern	verrühren, die Masse mit
Salz	
frisch gemahlenem Pfeffer	
geriebener Muskatnuß	würzen, auf dem vorgebackenen Boden verteilen
Ober-/Unterhitze:	200-220 °C (vorgeheizt)
Heißluft:	180-200 °C (nicht vorgeheizt)
Gas:	Stufe 4-5 (vorgeheizt)
Backzeit:	Etwa 25 Minuten.

Speckkuchen *(Foto)*

Für den Teig

250 g Weizenmehl	mit
100 g Butterschmalz	
75 ml Wasser	
1 Teel. Salz	mit den Knethaken des Handrührgerätes zu einem glatten Teig verarbeiten

den Teig zu einer Kuppel formen, in Folie einschlagen, im Kühlschrank etwa 1 Stunde ruhen lassen.

Für den Belag

150 g durchwachsenen Speck	in 2 cm breite Streifen schneiden
	eine Gratin- oder Quicheform mit
Butterschmalz	ausfetten
	den Teig 2 mm dick ausrollen, die Form damit auslegen, den Rand hoch andrücken
4 Eier	mit
400 ml Schlagsahne	verrühren, mit
Salz	
geriebener Muskatnuß	
frisch gemahlenem Pfeffer	würzen, auf den Teig geben, Speckstreifen darauf verteilen

die Form auf dem Rost (unterste Schiene) in den Backofen stellen

Ober-/Unterhitze:	200-220 °C (vorgeheizt)
Heißluft:	180-200 °C (nicht vorgeheizt)
Gas:	Stufe 4-5 (vorgeheizt)
Backzeit:	Etwa 30 Minuten

nach Belieben mit

Schnittlauchröllchen bestreuen.

Mangold-Quiche

Für den Teig

300 g Weizenmehl (Type 550)	in eine Rührschüssel sieben
1/2 Teel. Salz	
200 g kalte Butter	in Flöckchen hinzufügen, alle Zutaten miteinander verkneten

6 Eßl. kaltes Wasser dazugeben, den Teig zur Kugel formen, in Frischhaltefolie eingewickelt im Gemüsefach des Kühlschranks 30 Minuten ruhen lassen, auf einer bemehlten Arbeitsfläche zu einer runden Teigplatte von 35 cm Durchmesser ausrollen, in eine gefettete Tarteform (30 cm Durchmesser) legen, die Ränder fest andrük-ken, den Teigboden mit einer Gabel mehrfach einstechen.

Für den Belag von

1 Staude Mangold
(etwa 750 g) den Wurzelansatz abschneiden, die Blätter trennen, einzeln unter fließendem Wasser gründlich waschen, Blätter von den Stielen abtrennen, Blätter je nach Größe ein- bis zweimal längs halbieren, quer in etwa 1 cm breite Streifen schneiden, in einem großen Topf Wasser mit

Salz	zum Kochen bringen, Stiele und Blätter etwa 3 Minuten darin blanchieren, gut abtropfen und abkühlen lassen, auf dem Quicheboden verteilen
200 g Crème fraîche	mit
100 g Schlagsahne	
frisch gemahlenem Pfeffer	
Salz	verquirlen, über das Gemüse gießen
75 g Frühstücksspeck	in Streifen schneiden, mit
1 Teel. Kümmel	auf die Quiche streuen, auf der unteren Schiene in den Backofen schieben
Ober-/Unterhitze:	Etwa 220 °C (vorgeheizt)
Heißluft:	Etwa 200 °C (nicht vorgeheizt)
Gas:	Stufe 5 (vorgeheizt)
Backzeit:	25-30 Minuten; die Quiche heiß servieren.
Tip:	Würzig schmeckt diese Quiche, wenn Sie sie mit viel Knoblauch (etwa 3-5 Zehen) und holländischem Ziegenkäse backen. Dazu Knoblauch abziehen, in feine Würfel schneiden, etwa 150 g holländischen Ziegenkäse reiben, beide Zutaten auf dem Mangold verteilen.

Spargel-Tarte

250 g grünen Spargel	
250 g weißen Spargel	von oben nach unten schälen, darauf achten, daß die Schalen vollständig entfernt werden, den Spargel in 2 cm lange Stücke schneiden, in
Salzwasser	mit
1 Teel. Butter	
1 Teel. Zucker	bißfest garen, den weißen Spargel 6 Minuten, den grünen Spargel 4 Minuten garen
100 g gekochten Schinken	in Streifen schneiden
1 Packung (250 ml)	
Béchamel-Sauce,	
z. B. von Thomy	mit
200 g Doppelrahm-	
frischkäse	
2 Eiern	verrühren
	Schinkenstreifen,
100 g fein geriebenen	
Appenzeller	

Kerbelblättchen	unterrühren, mit
frisch gemahlenem	
weißem Pfeffer	würzen
300 g Blätterteig	auftauen lassen,
	eine Tarte-Form (Durchmesser 28 cm) mit Wasser ausspülen, den Blätterteig in der Größe der Form ausrollen, die Form mit dem Blätterteig auskleiden, überstehenden Teig abschneiden und auf den Boden drücken
	die Tarte-Form mit der Sauce füllen
	die Spargelstückchen leicht hineindrücken, mit
Butterflöckchen	belegen
	die Form in den Backofen schieben
Ober-/Unterhitze:	200-220 °C (vorgeheizt)
Heißluft:	180-200 °C (nicht vorgeheizt)
Gas:	Stufe 4-5 (vorgeheizt)
Backzeit:	Etwa 30 Minuten.

Möhrenkuchen

Für den Teig

275 g Weizenmehl	in eine Schüssel sieben
125 g Butterschmalz	in kleinen Stückchen dazugeben
1/2 Teel. Salz	
5-6 Eßl. Wasser	hinzugeben, mit den Knethaken des Hand-rührgerätes zu einem glatten Teig verarbeiten den Teig mindestens 30 Minuten im Kühl-schrank ruhen lassen.

Für den Belag

500 g junge Möhren	putzen, schälen, waschen, in Scheiben schnei-den, in
30 g Butterschmalz	andünsten, mit
100 ml Gemüsebrühe	ablöschen, bei mittlerer Hitze in etwa 5 Minu-ten bißfest garen, auf ein Sieb geben
2 Stangen Porree (Lauch)	putzen, halbieren, waschen, in dünne Ringe schneiden
100 g gekochten Schinken	kleinwürfeln die Hälfte des Teiges auf einen Springformbo-den (Durchmesser 26 cm, Boden gefettet) aus-rollen, 1/4 davon als Rand, etwa 2 cm hoch, an den Springformrand drücken, die Möhren-scheiben mit den Lauchringen und den Schin-kenwürfeln auf dem Teig verteilen
100 g geriebenen Emmentaler	mit
200 ml Schlagsahne	
1 Prise Zucker	
Salz	
frisch gemahlenem Pfeffer	
Knoblauchpulver	verrühren, über das Gemüse geben den restlichen Teig ausrollen, mit einem Ku-chenrädchen in 2 cm breite Streifen schneiden damit den Kuchen gitterförmig belegen
1 Eigelb	verquirlen, die Teigstreifen damit bestreichen die Form auf dem Rost in den Backofen schie-ben
Ober-/Unterhitze:	180-200 °C (vorgeheizt)
Heißluft:	160-180 °C (nicht vorgeheizt)
Gas:	Stufe 3-4 (vorgeheizt)
Backzeit:	Etwa 35 Minuten.

Apfel-Zwiebel-Quiche

Für den Quark-Öl-Teig

200 g Weizenmehl	in eine Rührschüssel sieben, mit
2 Teel. Backpulver	
1 Prise Salz	vermischen
6 Eßl. Milch	
6 Eßl. Speiseöl	hinzufügen

die Zutaten mit denKnethaken des Handrührgerätes auf höchster Stufe in etwa 1 Minute
verarbeiten.

Für den Belag

150 g durchwachsenen Speck	in Streifen schneiden
2 Eßl. Speiseöl	in einer Pfanne erhitzen, die Speckstreifen an-braten, herausnehmen
400 g Zwiebeln	abziehen, in dünne Ringe schneiden, in dem Fett anbraten
3 säuerliche Äpfel	schälen, vierteln, das Kerngehäuse entfernen die Apfelviertel in dünne Spalten schneiden
1 Becher (150 g) saure Sahne	mit
1 Becher (150 g) Crème fraîche	
80 g geriebenem Emmentaler	
3 Eiern	
Salz	
frisch gemahlenem Pfeffer	mischen

den Teig auf einer bemehlten Arbeitsfläche
ausrollen, in eine gefettete Spring- oder
Quicheform (Durchmesser 26 cm) legen,
dabei einen 2 cm hohen Rand formen, die
Apfelspalten auf dem Teig verteilen, die
Zwiebelmasse darauf geben, den Speck
darauf verteilen
die Eier-Sahne-Milch darüber geben, auf dem
Rost in den Backofen schieben

Ober-/Unterhitze:	180-200 °C (vorgeheizt)
Heißluft:	160-180 °C (nicht vorgeheizt)
Gas:	Stufe 3-4 (vorgeheizt)
Backzeit:	Etwa 40 Minuten.

Köstliche Pasteten und Pies

Schinkenpastete *(Foto S. 70/71)*

Für den Teig

400 g Weizenmehl (Type 550)	auf die Tischplatte sieben, in die Mitte eine Vertiefung eindrücken
200 g kalte Butter	in kleine Stückchen zerpflücken, mit
1 Teel. Salz	
2 Eiern	zu einem glatten Teig verkneten, kalt stellen für die Füllung
600 g gepökeltes Schweinefleisch ohne Knochen (aus der Keule)	
200 g ungeräucherten fetten Speck	würfeln und durch die grobe, dann durch die feine Scheibe des Fleischwolfes drehen
2 Zwiebeln	abziehen, würfeln, in
25 g Butter	glasig dünsten, mit
100 ml Madeira	ablöschen, sirupartig einkochen, abkühlen lassen, zur Fleischfarce geben
2 Eier	
50 g Pistazienkerne	
1 Becher (150 g) Crème fraîche	unter die Farce rühren, mit
Salz	
frisch gemahlenem Pfeffer	
Piment	
geriebener Muskatnuß	würzen, kalt stellen
250 g gepökelte, gekochte Rinderzunge	in daumendicke Stücke schneiden, etwa drei Viertel des Teiges auf einer bemehlten Arbeitsfläche zu einem Rechteck von 50 x 30 cm etwa 1/2 cm dick ausrollen, eine gefettete Kastenform damit auslegen, an den Kanten und Ecken gut zusammendrücken, die Fleischfarce etwa 3 cm hoch einfüllen, die Zungenstreifen in die Mitte legen, die restliche Farce darauf geben, glattstreichen, den restlichen Teig dünn ausrollen, einen Deckel von 30 x 11 cm ausschneiden und auflegen, Öffnungen für den Dampfabzug ausstechen, aus den Teigresten Blättchen schneiden

1 Eiweiß	verschlagen, damit die Blättchen auf der Teigoberfläche festkleben, aus Alufolie 2 Röllchen formen und als „Kamin" in die Öffnungen stecken
1 Eigelb	mit
2 Eßl. Schlagsahne	verschlagen, die Teigoberfläche damit bestreichen
Ober-/Unterhitze:	Etwa 175 °C (vorgeheizt)
Heißluft:	Etwa 150 °C (nicht vorgeheizt)
Gas:	Stufe 2-3 (vorgeheizt)
Backzeit:	Etwa 50 Minuten; bei Zimmertemperatur auskühlen lassen
3 Blatt Gelatine, weiß	in kaltem Wasser einweichen, gut ausdrücken, bei schwacher Hitze in
4 Eßl. Portwein	auflösen
250 ml (1/4 l) Portwein	hinzufügen und in einer Schüssel im Eiswasserbad kaltrühren, kurz vor dem Festwerden durch den „Kamin" eingießen, die Pastete kalt stellen und das Gelee fest werden lassen, mit einem Messer vorsichtig vom Formenrand lösen, auf eine Platte geben.
Tip:	Dazu schmeckt Preiselbeerkompott, verrührt mit Meerrettich und Senf.

Lamm-Pie in der Roggenkruste

(4-6 Personen; Foto S. 75)

	Für den Teig
120 ml Wasser	mit
90 g Butter	
1/4 Teel. Salz	zum Kochen bringen, vom Herd nehmen, mit
180 g Weizenvollkornmehl	
120 g Roggenvollkornmehl	verrühren, Teig in Frischhaltefolie wickeln, etwa 30 Minuten ruhen lassen.
	Für die Füllung
20 g getrocknete Butterpilze	in
100 ml heißem Wasser	einweichen
400 g Rollbraten	
aus Lammfleisch	abspülen, trockentupfen
1 Eßl. Sojasauce	mit
1 Eßl. Maiskeimöl	

73

1 Teel. Thymian	verrühren, das Fleisch damit bestreichen, auf den Drehspieß stecken, im Grill etwa 30 Minuten grillen, etwa 15 Minuten ruhen lassen, danach in feine Streifen schneiden
1 kleinen Spitzkohl (800 g)	putzen, waschen, in Rauten schneiden
1 Zwiebel	abziehen, in Würfel schneiden
1 Eßl. Maiskeimöl	erhitzen, Zwiebel darin anbraten, Spitzkohl zugeben, 10 Minuten nicht ganz gar dünsten, mit
Salz	
frisch gemahlenem Pfeffer	abschmecken
100 g Schafskäse	zerbröckeln
1 Kochapfel	schälen, achteln, Kerngehäuse entfernen, Fruchtfleisch in feine Scheibchen hobeln, mit dem Kohl vermischen, eingeweichte Pilze mit
1 Eßl. Sojasauce	
1 Teel. Worcestersauce	
1/2 Teel. Thymian	
1/2 Teel. Bohnenkraut	
frisch gemahlenem Pfeffer	im Mixer pürieren, den Teig in eine etwas größere und eine kleinere Portion teilen, die größere Portion dünn ausrollen, in eine gefettete Springform (Durchmesser etwa 26 cm) legen, dabei einen etwa 5 cm breiten Rand hochziehen, die Hälfte der Kohl-Apfelmischung einfüllen, andrücken, dann das Fleisch, die Pilzpaste und den Schafskäse hineingeben, mit dem übrigen Kohl bedecken, wieder andrücken
	die zweite Teigportion dünn ausrollen, als Deckel auf die Pie legen, Ränder andrücken, aus der Teigmitte ein Loch ausstechen, Pastete evtl. mit dem restlichen Teig verzieren, auf dem Rost auf der mittleren Schiene in den Backofen schieben
Ober-/Unterhitze:	Etwa 200 °C (vorgeheizt)
Heißluft:	Etwa 175 °C (nicht vorgeheizt)
Gas:	Stufe 3-4 (vorgeheizt)
Backzeit:	Etwa 60 Minuten.
Tip:	Der Pastetenteig muß warm verarbeitet und darf nicht trocken werden, sonst wird er brüchig. Statt des Rollbratens kann man auch Lamm- oder Rindfleisch verwenden.

Tofu-Linsen-Pastetchen

Für die Pastetchen

1 Paket tiefgefrorenen
Blätterteig (300 g)   auftauen lassen, inzwischen
375 ml (3/8 l) Gemüsebrühe   aufkochen
200 g rote Linsen
1 Teel. frische
Thymianblättchen   hinzugeben, zugedeckt bei geringer Hitze 10-15 Minuten köcheln, abtropfen lassen, 2 Eßlöffel davon beiseite stellen
250 g Tofu   etwa 5 Minuten in kaltem Wasser ruhen lassen, dann in 2 cm große Würfel schneiden, mit den Linsen mischen, mit

3 Eßl. Soja-Sauce
frisch gemahlenem Pfeffer
abgeriebener Zitronen-
schale, unbehandelt
1/2 Teel. gemahlenem
Koriander   abschmecken
1 Bund glatte Petersilie   abspülen, die Blättchen von den Stengeln zupfen, fein hacken, auf die Linsen geben
die Blätterteigplatten aufeinander legen, auf einer leicht bemehlten Arbeitsfläche ausrollen
12 gleichmäßige Quadrate von etwa 10 x 10 cm ausschneiden
die Ränder mit etwas Wasser befeuchten
jeweils etwas Tofu-Linsen-Mischung auf die Teigstücke setzen, je 4 Stücke zu Dreiecken, Säckchen oder Briefumschlägen zusammenfalten, die Ränder festdrücken
aus den Teigresten Dekorationen formen, ausschneiden, die Dekoration mit etwas Wasser an den Pastetchen festkleben, auf ein mit Wasser bespültes Backblech legen
1 Ei   mit
2 Eßl. Milch   verrühren, die Pastetchen damit einpinseln, mit
50 g Sesamsamen   bestreuen, in den Backofen schieben
Ober-/Unterhitze: Etwa 200 °C (vorgeheizt)
Heißluft: Etwa 180 °C (nicht vorgeheizt)
Gas: Etwa Stufe 4 (vorgeheizt)
Backzeit: 15-20 Minuten
die zurückgelassenen Linsen darüber streuen.

Fischpastete mit Spinatfüllung _(6-8 Personen)_

Für den Teig

450 g Weizenmehl	mit
100 g Butterschmalz	
(zimmerwarm)	
1 gestr. Teel. Salz	
2 Eiern	
6 Eßl. Wasser	mit den Knethaken des Handrührgerätes zu einem geschmeidigen Teig verarbeiten

den Teig abgedeckt etwa 30 Minuten kühl stellen.

Für die Füllung

500 g geräucherte	
Forellenfilets	in Streifen schneiden, von
250 ml (1/4 l) Schlagsahne	die Hälfte erhitzen
120 g Toastbrot	von der Rinde befreien, mit der heißen Sahne übergießen, ziehen lassen
1 Zwiebel	abziehen, fein würfeln
	Forellenfiletstreifen, Zwiebelwürfel, restliche Schlagsahne
	mit
2 Eiern	pürieren
1 Zitrone (unbehandelt)	abreiben, die Zitrone auspressen
3 Eßl. Zitronensaft	
Zitronenschale	
2 Eßl. trockenen Sherry	
Salz	
Cayennepfeffer	unter die Forellenfarce geben
2 Eiweiß	steif schlagen, mit dem eingeweichten Toastbrot unter die Fischfarce ziehen
500 g Spinat	verlesen, waschen, gut abtropfen lassen
1 Knoblauchzehe	abziehen, fein würfeln
	die Knoblauchwürfel im restlichen Butterschmalz andünsten, den Spinat hinzugeben, umrühren, mit Salz abschmecken, auf einem Sieb erkalten lassen
	eine Kastenform von 30 x 11 cm mit
Butterschmalz	ausfetten, mit dem Teig auskleiden
	die Hälfte der Fischfarce einfüllen, den Spinat der Länge nach in die Mitte der Fischfarce legen, den Rest der Farce darüber glattstreichen,

	mit dem Teig verschließen, etwas Teig für die Verzierung zurücklassen, mit einer Gabel Öffnungen einstechen
1 Eigelb	mit
1 Eßl. Milch	verrühren, den Teigdeckel damit bestreichen, mit ausgestochenen Teigresten verzieren die Pastete in den Backofen schieben
Ober-/Unterhitze:	Etwa 200 °C (vorgeheizt), nach 20 Minuten etwa 180 °C
Heißluft:	Etwa 180 °C (nicht vorgeheizt), nach 20 Minuten etwa 160 °C
Gas:	Etwa Stufe 4 (vorgeheizt), nach 20 Minuten etwa Stufe 3
Backzeit:	insgesamt etwa 60 Minuten die Pastete nach etwa 10 Minuten Auskühlzeit aus der Form nehmen, die kalte oder warme Pastete in Scheiben schneiden, mit
Dillzweigen	
Zitronenspalten	garniert servieren.
Tip:	Dazu Crème fraîche mit Dill abgeschmeckt servieren.

Blätterteigpasteten mit Hähnchenragout

Für das Ragout

300 g gegartes Hähnchenbrustfilet	in kleine Würfel schneiden
1 Glas (170 g) Champignons	abtropfen lassen, in feine Scheiben schneiden
200 g Spargel	an den Enden schälen, in Salzwasser 8-10 Minuten gar kochen, auf ein Sieb geben, die Flüssigkeit auffangen, Spargel in Stücke schneiden
30 g Butter	zerlassen
20 g Weizenmehl	unterrühren, bis die Schwitze goldgelb ist das Spargelwasser evtl. mit
Wasser	auf 250 ml (1/4 l) auffüllen, hinzufügen, zum Kochen bringen, etwa 5 Minuten kochen lassen
1 Eßl. Tomatenketchup, z. B. von Thomy *1 Eßl. Zitronensaft* *Salz* *frisch gemahlenem Pfeffer*	hinzugeben, mit
Zucker	abschmecken die Hähnchenbrustwürfel, Champignonscheiben, Spargelstücke hinzufügen
1 Eßl. Kräuter	unterrühren
4 Blätterteigpasteten	nach Vorschrift auf der Packung aufbacken, die Füllung hineingeben, mit
Zitronenachteln	servieren.

Teigtaschen mit leckeren Füllungen

Empanadas (Spanische Teigtäschchen)

(Foto S. 82/83)

Für den Teig

200 g Weizenvollkornmehl mit
100 g Maismehl
100 g Butter
1 Ei
1-2 Eßl. Wasser
1/4 Teel. Salz zu einem festen Teig verkneten, bei Zimmertemperatur etwa 1 Stunde ruhen lassen.

Für die Füllung

1 Zwiebel abziehen, würfeln
2 Knoblauchzehen abziehen, fein würfeln
250 g Fleischtomaten kurze Zeit in heißes Wasser legen (nicht kochen lassen), in kaltem Wasser abschrecken, enthäuten, die Stengelansätze herausschneiden, die Tomaten in Würfel schneiden
10 schwarze Oliven entsteinen, fein hacken
100 g alten Gouda fein reiben
2 Eßl. Olivenöl erhitzen, Zwiebeln darin anbraten, Knoblauch, Tomaten, Oliven

1 Tasse (250 ml)
rote Bohnenkeime
2 Eßl. Tomatenmark dazugeben, verrühren, in etwa 10 Minuten zu einer sämigen Masse dünsten, mit einem Kartoffelstampfer etwas zerdrücken, mit dem Käse,

1 gehackten Peperonischote
2 Eßl. gehackter Petersilie verrühren, mit
Salz
frisch gemahlenem Pfeffer abschmecken, den Teig etwa 5 mm dick ausrollen, einen Kreis von etwa 12 cm Durchmesser ausstechen, die Füllung jeweils in die Mitte geben, Kreise zu Halbkreisen zusammenklappen, die Ränder andrücken
1 Eigelb mit
1 Eßl. Milch verschlagen, die Teigtäschchen mit Eigelb-Milch bestreichen, auf ein Backblech legen
Ober-/Unterhitze: Etwa 200 °C (vorgeheizt)
Heißluft: Etwa 180 °C (nicht vorgeheizt)
Gas: Etwa Stufe 4 (vorgeheizt)
Backzeit: 15-20 Minuten
die Empanadas heiß oder kalt servieren.

Hackfleischtaschen *(etwa 12 Stück)*

Für den Teig

300 g Weizenmehl (Type 550)	
1 Päckchen Backpulver	mit mischen, in eine Rührschüssel sieben
150 g Speisequark	
100 ml Milch	
100 ml Speiseöl	
1 Prise Salz	hinzufügen, die Zutaten mit den Knethaken des Handrührgerätes auf höchster Stufe in etwa 1 Minute verarbeiten, anschließend auf der bemehlten Arbeitsfläche zu einer Rolle formen
1 kleine Zwiebel	abziehen, in feine Würfel schneiden
1 kleine gelbe oder grüne Paprikaschote	halbieren, entstielen, entkernen, die weißen Scheidewände entfernen, die Schoten waschen, in kleine Würfel schneiden
20 g Butter	zerlassen, die Zwiebel- und Paprikawürfel darin andünsten
125 g Rinderhackfleisch	
125 g Schweinehackfleisch	hinzufügen, anbraten
2 Tomaten	kurze Zeit in kochendes Wasser legen (nicht kochen lassen), in kaltem Wasser abschrekken, enthäuten, die Stengelansätze herausschneiden, die Tomaten in Würfel schneiden, zu dem Fleisch geben
3 Eßl. gehackte Kräuter (Petersilie, Dill, Liebstöckel, Thymian) Salz	
frisch gemahlenen Pfeffer	hinzugeben, die Masse auskühlen lassen
150 g saure Sahne	unterheben, den Teig ausrollen, rund ausstechen (Durchmesser 12-15 cm), jeweils auf eine Teighälfte etwa 1 Eßlöffel von der Hackfleischmasse geben, die Teigränder mit bestreichen, zusammenklappen
aufgeschlagenem Eiweiß	
1 Eigelb	mit
2 Eßl. Milch	verschlagen, die Oberfläche damit bestreichen
Ober-/Unterhitze:	Etwa 200 °C
Heißluft:	Etwa 180 °C
Gas:	Etwa Stufe 4
Backzeit:	Etwa 25 Minuten.

Calzone

300 g Weizenmehl (Type 550)	in eine Schüssel sieben, mit
1 Päckchen Trocken-Backhefe	sorgfältig vermischen
4 Eßl. Speiseöl	
1 Teel. Salz	
knapp 125 ml (1/8 l) lauwarme Milch	hinzufügen, alles zu einem glatten Teig verkneten, sollte der Teig kleben, noch
Weizenmehl	hinzufügen den Teig an einem warmen Ort so lange gehen lassen, bis er doppelt so hoch ist, nochmals durchkneten, halbieren, jede Teighälfte zu einer runden Platte ausrollen, auf ein gefettetes Backblech legen.

Für den Belag

400 g Champignons (aus der Dose)	abtropfen lassen, in Scheiben schneiden
5 Tomaten	kurze Zeit in kochendes Wasser legen, nicht kochen lassen, mit kaltem Wasser abschrekken, enthäuten, Stengelansätze herausschneiden, die Tomaten in Scheiben schneiden
200 g Salami	in Scheiben schneiden
350 g Maasdamer	
100 g Schinkenspeck	beide Zutaten in Würfel schneiden
1 Zwiebel	abziehen, in Ringe schneiden
8 Eßl. Tomatenmark	mit
2 Eßl. Semmelbröseln	verrühren, mit
Salz	
frisch gemahlenem Pfeffer	
Paprika edelsüß	
Knoblauchsalz	würzen, die beiden Teigplatten mit der Masse bestreichen, die Tomatenscheiben darauf verteilen, mit Salz, Pfeffer, Paprika edelsüß, Knoblauchsalz bestreuen Champignons, Salami, Käse, Schinken, Zwiebelringe darauf verteilen, mit Pfeffer, Paprika edelsüß,
gehacktem Oregano	bestreuen, die Teigplatten zur Hälfte zusammenklappen, gut festdrücken, die Oberfläche mit

Speiseöl	bestreichen, mit Oregano bestreuen die Calzones nochmals an einem warmen Ort gehen lassen, bis der Teig etwa doppelt so hoch ist
Ober-/Unterhitze:	220-250 °C (vorgeheizt)
Heißluft:	200-230 °C (nicht vorgeheizt)
Gas:	Stufe 4-5 (vorgeheizt)
Backzeit:	20-30 Minuten.

Hähnchenbrust La Fontaine

Für die Füllung

4 Hähnchenbrustfilets	abspülen, trockentupfen, mit
Salz	
frisch gemahlenem Pfeffer	
gerebeltem Thymian	würzen, in
40 g Butterschmalz	von allen Seiten anbraten, etwas abkühlen lassen
1 Zwiebel	abziehen, in kleine Würfel schneiden
4 enthäutete,	
entkernte Tomaten	in kleine Würfel schneiden
1 Glas (230 g) Champignons	abtropfen lassen, kleinschneiden
1 Bund glatte Petersilie	abspülen, trockentupfen, fein hacken

Zwiebelwürfel in die heiße Pfanne geben, glasig dünsten, Champignons und Tomaten dazugeben, kurz dünsten, Petersilie hinzufügen, mit

Salz	
frisch gemahlenem Pfeffer	
gerebeltem Thymian	abschmecken, kalt stellen.

Für den Teig

1 Packung (300 g)	
tiefgekühlten Blätterteig	bei Zimmertemperatur auftauen lassen (nicht durchkneten), übereinanderlegen, auf einer bemehlten Arbeitsplatte zu einem großen Rechteck (30 x 35 cm) ausrollen
4 Scheiben Kochschinken	darauf legen, mit der Pilz-Tomaten-Masse bestreichen, dabei die Ränder 2 cm frei lassen, darauf die Hähnchenbrustfilets legen, Blätterteig herumschlagen, Ränder gut andrücken, evtl. aus den Resten kleine Motive ausstechen und auf den Blätterteig legen; 2-3 Löcher einstechen, damit der Dampf entweichen kann
1 Eigelb	mit
1 Eßl. Milch	verrühren, den Blätterteig damit bestreichen, auf ein mit kaltem Wasser abgespültes Backblech legen, in den Backofen schieben
Ober-/Unterhitze:	Etwa 200 °C (vorgeheizt)
Heißluft:	Etwa 180 °C (nicht vorgeheizt)
Gas:	Etwa Stufe 4 (vorgeheizt)
Backzeit:	Etwa 30 Minuten

die Pastete aus dem Backofen nehmen, mit dem elektrischen Messer in Scheiben schneiden.

Rezeptverzeichnis nach Kapiteln Seite

Rezeptverzeichnis, alphabetisch

Seite